PAT REEPE

Die 100 skurrilsten Babynamen 2017

- cool - lustig - anders - einzigartig -

Band 12

Die wildesten Namenskreationen aus

Sachsen- Anhalt

Bibliografische Information der Deutschen
Nationalbibliothek: Die Deutsche Nationalbibliothek verzeichnet diese Publikation in der Deutschen Nationalbibliografie; detaillierte bibliografische Daten sind im Internet über
http://dnb.dnb.de abrufbar.

Herstellung und Verlag:
BoD - Books on Demand, Norderstedt

ISBN: 978-3-7460-1493-7

Gullerchen, DANKE!

Vorwort

Jeder von uns hat einen und jeder von uns war auch schon mal mit seinem unzufrieden. Die Rede ist von unseren Namen. Vermutlich gehen in kaum einer anderen Sache die Meinungen soweit auseinander, wie hier.

Wir möchten klarstellen, dass diese Sammlung nicht dazu gedacht ist, zu beleidigen oder zu diskriminieren. Aber sie soll zum Nachdenken anregen.

Unser Name begleitet uns unser Leben lang. Und manche Kreationen, die hormongeschwängerte Eltern supertoll finden, machen ihren Kindern das Leben nur unnötig schwer.

Ein seltener Name? Klar.
Ein alter Name? Gern.

Aber muss es denn alles zusammen sein?

Recherchiert und zusammengetragen aus Anzeigen, Einträgen und vom Hörensagen.

Ladies First:

Die 100 skurrilsten,

sachsen- anhaltinischen

Mädchennamen aus 2017:

Abbygale Mercedes
Adela
Allessya
Alia
Alice Silvia
Aliya
Alya
Alwara
Amelie Patricia Sophie
Amina
Amy Charleyn
Amza
Anastasia Jolie
Anique
Anna Meta
Anni Linn
Aria
Ashley Thea
Ava Jolie
Avelina

Becky Nayla

Calina
Cataleya Fenya
Cathy Rose
Centa
Charlie Annik
Chayen
Clara Lina

Dalia Hazel
Debby Samira
Drifa

Eleyna
Ellina
Elly Rose
Elora
Emma Christel
Emyly Ann
Enny
Evi Hermine

Fibie
Filina
Fritzi Marie

Geneva
Giulia Summer
Grace Jouna Hope

Hanna Zelda
Hayley Harmony
Haylie Jazlynn
Hazel Rose
Hedi Ariel

Jada Juline
Jasmin Marlies Sybille
Jella

Jeva
Joleen June
Jona
Jonne
Judy Elisabeth

Lana Maria
Leana Jolie
Leony
Leia
Leni Lexine
Leni Sunni
Lona
Louise Mathilde Adeline
Luna Summer

Maeva
Mailin Gerde
Maina
Mari
Marlene Minna
Matea
Maya Katharina
Maya Leann
Medina
Meredith
Miley
Milli Ysabell

Namine

Nele Aurora
Neve
Nia

Rayan
Renee Jana
Romy Erna
Romy Mailin

Sadie
Sascha Catrina
Shyann
Sydney

Tali Penelope
Tesa
Tia Hope
Tilly

Veva

Wilma Alma
Wolke

Ylvi
Yuna Joen

Die 100 skurrilsten,

sachsen- anhaltinischen

Jungennamen aus 2017:

Aiden
Alessio Olive
Anastasios
Angeliquo
Antoni
Ares Gunnar
Arvid
Aryan
Ayden Jeremio

Bennet Alessio
Bran

Calle
Carl Fietje
Caruso
Castiel
Connor Thyron
Corey
Cyrix

Daimen
Dante
Demid
Derian
Devin
Dexter Gabriel
Diego

Eamon

Eden Jan
Eli Jonathan
Elio
Emil Lio
Envar
Ezio

Feyden
Fiete Gerhard
Finn Noah
Freddy
Frido Carl Josef
Fynnley Joel Levio

Giuliano
Gregor Alwin
Hazem
Hektor Heinz
Hennes

Jamie

Janis Rolf Gisbert
Jayden Orlando
Jayson Pepe
Jeremy Jerome Jens
Jim Sven
Joschua Kurt
Josias

Julius Edgar

Juri

Karl John
Ken Tayler
Klaas Torben

Lars Kurt
Leevi
Leo Leander
Leon Kakashi
Liam Dean Walter
Lian Christian
Lias Lorenz
Lias Noel
Lio Raphael
Lion Alexander
Lion Laurin
Lucio
Lucius Marcus
Luzifer
Luzius
Lyan

Malik Oskar Bruno
Marvin Dominik
Max Emil
Mayson

Melvin

Mex Ezra
Miro

Nimai

Ole Farell
Otto Karl

Philipp Neo Gabriel

Rasmus
Richard August Alexander
Rune Richard

Sandro Ludwig
Shaun Blake
Skadi
Spencer
Stanley Ferdinand

Tamino
Thiago Johann
Tilo Corben
Timur
Tjaden
Tore Willem

Vin

Willko

Yaron

Ihr habt oder kennt einen ausgefallenen, skurrilen Namen, der unbedingt hier vertreten sein muss? Dann mailt ihn uns:

Unsere ganz spezielle Sammlung

Die 100 skurrilsten Babynamen 2017

In dieser Reihe bisher erschienene Bücher:

Band 1: Sachsen
ISBN: 978-3-7448-3720-0

Band 2: Bayern
ISBN: 978-3-7448-4002-6

Band 3: Berlin
ISBN: 978-3-7448-5177-0

Band 4: Thüringen
ISBN: 978-3-74485617-1

Band 5: Bremen
ISBN: 978-3-7448-7265-2

Band 6: Rheinland Pfalz
ISBN: 978-3-7448-7393-2

Band 7: Hessen
ISBN: 978-3-7448-8636-9

Band 8: Baden Württemberg
ISBN: 978-3-7448-9616-0

Band 9: Nordrhein Westfalen
ISBN: 978-3-7448-9635-1

Band 10: Schleswig Holstein
ISBN: 978-3-7448-9640-5

Band 11: Brandenburg
ISBN: 978-3-7460-1127-1

Band 12: Sachsen- Anhalt
ISBN: 978-3-7460-1493-7

bisher erschienene Bücher von
Pat Reepe:

»Luis und Weihnachten«
ISBN: 978-3-7347-3249-2

»Zählen lernen mit der Maus«
ISBN: 978-3-7347-6379-3

»7 Vorlesegeschichten- für jeden Tag
der Woche Eine«
ISBN: 978-3-7386-3915-5

»Selina Band 1 und 2«
ISBN: 978-3-7392-1867-0

»Luis Abenteuer«
ISBN: 978-3-7392-3754-1

bisher erschienene Kurzgeschichten
von Pat Reepe:

»Luis und Weihnachten«
ISBN: 978-3-7347-3249-2

»Der schönste Schneemann«
ISBN: 978-3-7347-6071-6

»Der neue Schlitten«
ISBN: 978-3-7347-6165-2

»Beste Freunde«
ISBN: 978-3-7347-6047-1

»Jonas Bär«
ISBN: 978-3-7347-1538-9

»Ein Freund für Richard«
ISBN: 978-3-7347-6345-0

»Die Schatzsuche«
ISBN: 978-3-7347-8442-2

»Amelie und das verlorene Püppchen«
ISBN: 978-3-7386-1893-8

»Das übermütige Bäumchen«
ISBN: 978-3-7386-1317-9

»Ayyappan und die Kinder von Nago-
Penga«
ISBN: 978-3-7386-4711-2

»Robby hat Geburtstag«
ISBN: 978-3-7386-5579-7

»Paulchen und der Familienschatz«
ISBN: 978-3-7392-0385-0

»Jim auf Abwegen«
ISBN: 978-3-7392-0976-4

»Das faule Kätzchen«
ISBN: 978-3-7392-1232-6

»Selina- das clevere Mäuschen«
ISBN: 978-3-7392-1745-1

»Selina und Oleg«
ISBN: 978-3-7392-1769-7

»Frederic macht blau«
ISBN: 978-3-7392-3647-6

»Luis und Lana«
ISBN: 978-3-7392-3754-1

»Die eitle Vogelscheuche«
ISBN: 978-3-7392-3779-4

»Julius ist einsam«
ISBN: 978-3-7392-3791-6

»Nils, das kleine Murmeltier«
ISBN: 978-3-8423-2500-5

Alle unsere Geschichten und Ebooks
gibt es natürlich im Fachhandel oder
direkt bei uns im Shop:

http://appetere-downloads.de

Folgt uns gerne im Blog:

https://www.family4life.de

Vielen herzlichen Dank an Alle, die uns so fleißig mit skurrilen Namen versorgt haben.

Ihr seid toll!